Naomi Thomas

Finalmente a Casa

Naomi Thomas

Finalmente a Casa

"Tra battaglie, preghiere e risposte ricevute nel silenzio della mia cameretta"

Edizioni Sant'Antonio

Imprint

Cover image: www.ingimage.com

Publisher:
Edizioni Accademiche Italiane
is a trademark of
International Book Market Service Ltd., member of OmniScriptum Publishing Group
17 Meldrum Street, Beau Bassin 71504, Mauritius

Printed at: see last page
ISBN: 978-613-8-39225-5

"FINALMENTE A CASA…"

Di Naomi Thomas

Dedicato al mio Re Gesù, che con la Sua grazia e forza sempre mi ispira…

Dedicato a te, amore mio, che mi hai fatto credere
di poter raccontare un po' di me.

Dedicato ai miei figli, alla mia famiglia, ai miei amici e
a tutti coloro che sempre mi hanno sostenuto.

Grazie

IO L'HO CONOSCIUTO

(Alla mia super Nonna, che amava questa poesia)

Quanto è curiosa la vita…quanto è curioso il cuore.
Oggi è sicuro di una cosa…domani l'ha già dimenticata.
Un'esperienza cancella l'altra, e il piano di oggi svanisce nel domani.
Niente è certo. Niente è costante.

Ieri ci ha donato ricordi e il domani ci regalerà speranze…
… ma l'oggi?
L'oggi cosa porta con sé?
Come si vive l'oggi?
Ci sono teorie sul come affrontare il passato…
Consigli su come andare incontro al futuro…
ma come si vive nel presente?
Come affrontare l'adesso?
Quell'attimo, quella scelta, che è capace di crearci un passato e un futuro?

Chi conosce tutto questo?
Chi sa consigliare il tempo senza perderne neanche una goccia…
viverlo appieno, senza restarne intrappolato…
crescere restando pur sempre bambino.
Sognare liberamente sulle ali del futuro,
senza creare confusione intorno a sé…

Perché cercare in tutti i modi di dimenticare il passato se, poi, è la chiave del presente?

Spesso persa nei pensieri lontani…
Di un futuro…
ricordo il passato chiaramente…
ed è lì… dove il tempo si ferma…
…dove i due mondi s'incontrano…
…che io riesco a vedere.

Vedo chiaramente ciò che realmente importa nella mia vita!

Ciò che la rende degna di essere vissuta: "Il Presente"!
Non è ciò che è stato…né ciò che sarà…ma ciò che è,
ora, in questo momento, adesso…
io vivo!
Ed io vivo davvero!
Perché?
Perché io L'ho conosciuto!
Io Lo conosco!
Io conosco la Verità!
Io conosco la Via di ogni cosa!
Io conosco la vera Vita!

ANCHE QUANDO...

Anche quando le stelle smetteranno di brillare
E la luna non illuminerà più il cammino davanti a me...

Tu ci sarai

Nella notte più buia,
Tu ci sarai.
Lì davanti a me, ad aspettarmi,
lampada al mio piede
con me camminerai.

Anche quando la vita scorre in fretta senza me
Ed anche quando i sogni svaniscono nelle mie paure,
mentre la tristezza inonda l'anima mia...

Tu ci sarai

Nel momento delle avversità
Sei lì, accanto a me.
Solo Tu mi rialzi,
illumini i miei passi
e prendendomi per mano
cammini insieme a me.

Con il canto del mattino
Tu mi svegli dolcemente;
nel sussurro del silenzio
mi addormento insieme a Te.

Sicuro…
…in alto…
…coperto dalle Tue ali, in Te mi riposo
ed un giorno nuovo affronto, perché Tu sei con me.

Grazie, Padre.

ANCHE OGGI... PERCHE' IERI NON E' ABBASTANZA!

Il mio cuore chiama... ed è chiamato a stare sulle ginocchia,
nella cameretta, alla Sua Presenza... anche oggi.

Perché un giorno senza incontrarlo è come:
Un giorno senza abbracci... senza respiri...
Un giorno senza sorrisi... o luci... o orizzonti...

Io desidero l'abbraccio di Dio, anche oggi,
Io desidero respirare Dio, anche oggi,
Io desidero il sorriso di Dio, e sorridergli in cambio,
Io desidero la luce di Dio, che illumina ogni mia tenebra,

Io desidero la visione di Dio, per vedere i Suoi orizzonti.

Io desidero tutto questo, per me,
e li desidero oggi!
Si, oggi!

Perché ieri non è abbastanza!
Non può bastarmi di averli avuti ieri
Non può bastarmi ciò che ho ascoltato ieri...
Non mi accontenterò di averlo incontrato ieri...
Non penserò di aver visto tutto ieri...

Ieri non è abbastanza!
E domani è troppo lontano!

Ieri è troppo poco,
ieri è troppo piccolo
Per un Dio così grande...
per una mente così piccola come la mia...cos'è IERI?
Ieri non mi può e non deve bastarmi!

Perché allora l'avrei fatto piccolo e poco importante
perché allora la mia fame avrebbe iniziato a spegnersi,
e la mia mente a chiudersi,
il mio cuore a stringersi,
ed i miei occhi ad appannarsi...

Oggi,
OGGI è il momento!
Non domani... domani è una scusa...
Oggi,
Oggi è il giorno,
ed io voglio rispondergli... perché Lui ci dice:
"Oggi, se udite la Sua voce, non indurite il vostro cuore…".

LA VERA BELLEZZA

Abbiamo perso il contatto con la Bellezza… quella vera…
Non abbiamo più tempo per vivere l'adesso,
il qui e ora…
i doni di Dio…
le persone di cui Lui ci ha contornato.

C'è sempre qualcos'altro da fare…
Non c'è più tempo per stare con i figli,
per godersi quegli attimi d'Eternità che solo loro sanno regalarti!
Non si ha più tempo per stare con le persone amate perché siamo troppo impegnati a fare cose per loro, da dimenticarci la bellezza dello stare semplicemente con loro.
Non si ha più tempo per fare una risata con gli amici,
godersi una cena con loro davanti ad un bel bicchiere di vino rosso.
Non si ha più tempo per stare con sé stessi, per coltivare le proprie passioni, dare spazio a ciò che amiamo e che fa bene al cuore…

Siamo diventati tutti colleghi di lavoro, dipendenti di una grande azienda…
…nessuno è più famiglia, amico o fratello…tutti indaffarati per una grande impietosa azienda: l'Ambizione.

Tutti di fretta, tutti nervosi, arrabbiati, infelici, scontenti e confusi!

E noi, inconsapevolmente stretti da questa grande morsa,
dimentichiamo della Bellezza che ci cammina accanto.

Essa, la Bellezza, timidamente ci sfiora…
silenziosamente aspetta, giorno dopo giorno, un nostro sguardo…
un nostro abbraccio,
ma noi, così presi dalle molte faccende, a volte non riusciamo neanche a riconoscerla…
la riteniamo il più spesso invadente, e inopportuna…
"Non vedi tu che sono indaffarato, ora? Torna in un momento più adatto!",
le diciamo senza neanche alzare lo sguardo.

Così, ci dimeniamo inutilmente in questa grande ragnatela, per ritrovarci sempre più avvinghiati, legati e infelici!
Poi, dopo tante corse e affanni,
sfiniti e svuotati,
chiediamo aiuto a Dio… e finalmente,
con misericordia, arriva la grande mano del Maestro che ci libera, con uno solo dei Suoi gesti.
Ed ecco che le nostre ali tornano ad aprirsi, i nostri occhi a guardare e noi torniamo a volare, a godere della libertà ricevuta e del dono della vita che ci è stata data.

Torniamo ad assaporare il Tempo nella Sua Bellezza,
a guardarne lo schiudersi davanti ai nostri occhi,
a goderne gli attimi un tempo dati così per scontato
e a far germogliare nel nostro cuore la gratitudine per ciò che abbiamo avuto,
per quanta Bellezza e Grazia, e forse anche Abbondanza, abbiamo ricevuto in dono.
E' solo lì, in questo attimo di verità, che capiamo quanta Bellezza abbiamo preso per scontato,
quanto il nostro palato abbia perso il gusto della dolcezza,
quanto il nostro cuore non abbia più cercato del tempo per fare spazio alla poesia.

Non c'è più tempo per essere dolci, non c'è più tempo per la tenerezza, non c'è più tempo per la gratitudine o per la gentilezza.
I figli sono un impedimento alla carriera, gli anziani ci derubano del tempo, i padri diventano inutili consiglieri e i matrimoni scatole vuote piene di azioni.
Si perdono i valori e si bruciano sull'altare dell'ambizione proprio coloro che abbiamo più amato.

Ma si può dire di "No" a tutto questo!
Si deve dire di "No" a tutto questo!
"Ora basta! Io non ci sto! Fatemi scendere!"
Se dal trono della nostra vita scende l'Io e diamo spazio a Dio,

se vi lasciamo salire il Principe della Vita, il Creatore di tanta Bellezza e Armonia,
se ogni giorno viene vissuto come un dono che Egli ci offre,
senza ansie per il domani,
senza folli ambizioni di controllare un futuro che si muove incerto come dune in un deserto…
Se tutto torna nel suo giusto posto,
e i valori riacquistano il loro senso;
Se i rapporti vengono prima delle cose e degli obiettivi,
allora si che torneranno le giuste priorità!

Se si trova il tempo per godersi un figlio, entrando nel suo mondo,
se si trova il tempo per amare, accarezzare, sorridere ed abbracciare,
se ci si ferma ad ascoltare l'anziano, facendogli sentire che la sua vita non è stata inutile,
se riusciamo a ridere con l'amico, a parlare con un padre ed a capire un fratello;
se riusciamo ad alzare il capo, la notte, anche se stanchi, per fermarci a vedere una stella furtiva nella notte, un cielo stellato, un sole al tramonto, una rondine che annuncia la primavera, una fontanella che gorgoglia d'acqua o il vento che accarezza le foglie.

Se troviamo il tempo per coccolare noi stessi e quelli che più amiamo, nutrendo l'anima con ciò che la ristora, una musica che tanto ci piace, un libro rispolverato o un talento trascurato…
Allora sapremo gustare la felicità…e farla gustare a chi ci è accanto;

invece di correre sempre qua e là, indaffarati eppure soli e arrabbiati!
Allora vedremo sbocciare in noi l'armonia, come se la nostra anima fosse un piccolo giardino in primavera.
Allora smetteremo la nostra affannosa ricerca della felicità!

Perché, in fondo, cos'è la Felicità?

Sapersi accorgere di tutta la Bellezza che, ogni giorno, ci cammina accanto, e dentro…e reputarla una Grazia donata dall'Alto.

Per quel che mi riguarda, una decisione ho preso oggi, e intendo portarla avanti:
Mai dimenticarsi della Gratitudine, della Gentilezza, della Sensibilità e della Tenerezza!
Mai dimenticarsi di dare Tempo alla Dolcezza, ai Sogni e alla Fantasia.
Mai perdere il contatto con la Bellezza…quella vera!
Mai sovrapporre le cose ai rapporti, le persone che amiamo alla carriera…al successo;
e mai guardare a una persona come all'ostacolo per il raggiungimento dei nostri obiettivi.

Sempre chiedersi: "Perché lo faccio?"…o meglio: "Per chi?"

E poi avere il coraggio di fermarsi, anche, a chiedere perdono lì dove ce ne sia bisogno, dicendo: "Dio, mi arrendo, ecco…lascio tutto nelle Tue mani!"

Abbandonare a Lui il controllo della nostra vita, per imparare a riposare nel Suo abbraccio e in una rinnovata fiducia verso il futuro.

Non comandati più dalla paura, non più schiavi e servitori del tempo…

ma Figli, Figli del Dio Vivente…

"Sia fatta la Tua volontà, oggi!

Non la mia, ma la Tua sia fatta!"

E così sia, Amen.

ESSERE DONNA E' COME ESSERE MARE

(Dedicata a te, amore mio)

Essere donna è come essere mare.

Essere mare.

Essere donna.

Essere immenso, sconosciuto, imprevedibile, spaventoso.

Credo, a volte, che anche il mare abbia avuto paura di sé stesso. Dei suoi abissi, delle sue onde, della sua potenza, della furia che dentro gli si nasconde; delle sue molteplici forme, dell'enormità che contiene in sé stesso; della vita, della morte che egli porta nel suo grembo.

Essere solcato da navi straniere, da superbi capitani che pensano di poterti controllare, gestirne la forza, ignorando cosa deciderai: li respingerai? Li investirai? O nelle tue profondità li accoglierai?

Essere mare è come essere donna.

Mare nelle cui profondità si scoprono meravigliose creature, nature mai viste, forme di vita nuove, incontaminate.

Luci, colori, suoni.

Un mare profondo nei cui abissi risiedono ricordi sbiaditi, memorie lontane, parole racchiuse dentro preziosi forzieri. Bastioni antichi ormai dimenticati che nascondono storie di uomini passati; segreti coperti dal buio del tempo, fragili emozioni protette come perle, misteri ignorati dallo stesso mare, forze e pulsioni insabbiate. Vecchie paure al fondale relegate, oscuri pensieri legati e addormentati nelle profondità, ai quali è stata negata la libertà di mostrarsi. Farli uscire in superficie significherebbe, infatti, sconvolgere solo quella calma bellezza apparente di cui ogni mare è custode.

Mare cristallino, mare silenzioso…è qui che si agitano le tue onde, è qui che iniziano le tue tempeste…è quando ignaro qualcuno supera le tue zone sicure e lì fa cadere per sbaglio una parola di troppo o di troppo poco, uno sguardo freddo, o invadente, o un gesto pieno di disprezzo o di umiliazione. E' qui che, superate le tue difese, quel qualcosa cade… cade… cade… e tocca i tuoi abissi. Ormai ti è sfuggito e non puoi più evitare che arrivi proprio lì, dove non avresti voluto, dove tutto taceva coperto di buio e silenzio, dove lui dormiva e dove ora non dorme più.

I suoi occhi si sono aperti.

Il suono di ciò che lo ha risvegliato si propaga e si espande attraverso ogni singola goccia, diventa sempre più forte, e…da quell'abisso silenzioso e addormentato in cui era stato relegato, il mostro si risveglia.

Ed ecco, si scatena la tempesta…

Le onde si alzano sempre più alte, gli abissi risucchiano ogni goccia, tutto è sconvolto e s'infrange.

Tutto si abbatte...

Scogli, navi, onde... tutto si fonde.

La bestia disturbata e spaventata si agita e si dibatte nel tumulto.

Cerca requie, cerca pace, cerca dove posarsi per tornare al suo riposo...ma non trova dove, né come!

Non si può più voltare lo sguardo da un'altra parte...tutto è confuso. Le memorie, i segreti, quei ricordi addormentati sono stati risvegliati dal loro sonno eterno e non possono più essere ignorati; essi smuovono le acque, seminano caos, smarriti salgono in superficie, si dimenano, tornano in profondità, non riescono a nascondersi e agitandosi, continuano la loro lotta finché, quasi senza forze, cercano di scagliarsi contro chi o contro ciò che abbia osato richiamarli alla luce!

Poi, crollano...sfiniti, esausti, stanchi, si arrendono.

Trasportati con dolcezza dalle onde del mare giungono a riva dove tutto viene inondato di luce.

Il mare torna calmo...piatto...cristallino.

Lì, alla luce del sole, tutto sembra meno oscuro.

Lontana dal suo nascondiglio e dall'oscurità che la circondava, anche la creatura più spaventosa diventa indifesa e può finalmente essere vista per quello che realmente era: un vecchio ricordo sanguinante, un'orribile memoria incatenata, una piccola paura ingigantita o una profonda delusione mai lenita…

Di creature simili, l'abisso del cuore umano, ne conosce molte.
C'è chi le guarda da lontano, disgustato, e c'è chi invece cerca di soccorrerle, di aiutarle, di curarle. Di donar loro una nuova identità, una nuova libertà, perché tornino a nuotare in mare, ma nella tranquillità.

GRACE STA ARRIVANDO

(A mia figlia Grace, vero arcobaleno dopo la tempesta)

Lo sentivo sai?

Era un po' che ti aspettavo...che ti cercavo.

Certo, pensando a quante cose avremmo fatto insieme dal momento in cui saresti arrivata, mi sono preoccupata un po'...ti confesso.

Eh si! Devo ammetterlo, preoccupata per l'impegno di lavoro e di energia che mi dicevano mi avresti chiesto.

Eppure...

quando ho sentito che stavi arrivando...

il mio cuore si è solo riempito di emozioni!

Quante...

TANTE!

Tutte insieme, mischiate, accavallate come nell'arcobaleno.

Si! Sei stata bella come un arcobaleno dopo la pioggia!

Un'esplosione di colori dentro di me!

Vibrazioni di luci e calore!

L'arcobaleno, sai, ti sembra incantato.

Dopo la pioggia e le nubi, improvvisamente,

inizia a rischiararsi il cielo…ed in un angolino…sospeso per aria…c'è lui.
Quell'arco teso tutto colorato, che ci ricorda che Colui che ci ha fatto la Promessa è Fedele e Buono, e…soprattutto…è pieno di misericordia!

Eh, si! E così sei stata tu per me…per noi!
La consapevolezza del tuo arrivo è stata come quell'arcobaleno
E mi ha svelato, ancora di più, quanto sia pieno di grazia e di misericordia il tuo Forgiatore…
Il tuo Pittore…

Grace

Quanto del Suo carattere c'è in te, nel tuo nome!
Quanto della Sua bontà verso di noi!
Che tu possa sempre essere riflesso di ciò che Egli è;
della Sua infinita Grazia; della Sua meravigliosa Luce; del Suo infinito Amore…
e della Sua splendida Verità…che illumina ogni cuore.
Grace, possa tu davvero conoscerLo ed amarLo!
Possa tu essere un meraviglioso raggio della Sua luce, libero e semplice.
Possa tu riceverLo; fare tuo il Creatore della tua bellezza…riflettendo la Sua, nella tua vita.

Ora so che ci vorrà un po' di tempo prima che io possa vederti…
ma imparerò a conoscerti, a scoprirti, ad aiutarti ed a consolarti.

Una cosa la so già:
tu hai portato vita dentro di me
ed io voglio amarti e crescerti con tutta la Grazia che ho ricevuto in dono.

Grace, stai arrivando e noi…mamma e papà…
ti aspettiamo con emozione!
Proprio come si aspetta quella promessa dopo ogni pioggia,
proprio come lo sguardo cerca quell'arco meraviglioso in ogni angolo del cielo…
finché…con meraviglia e stupore…non l'abbia trovato; perdendosi nell'esplosione di quei magnifici colori e acquietandosi nella pace della promessa mantenuta.

L'arcobaleno non finirà mai di stupire i nostri occhi di bambino…
Ed io so che tu, come lui, non finirai mai di stupire e dare gioia ai nostri occhi di genitori.
Custodi, noi, di un tesoro che si andrà schiudendo nel tempo…
Tu sei un dono…e così ti vogliamo trattare!

Benvenuta,
piccola Grace,
nella nostra piccola, ma allegra famiglia!

VI DONEREI IL TEMPO

(Dedicato ai genitori più preziosi del mondo)

Quante volte ho pensato a quale dono sarebbe stato il più giusto,
il più bello… il più ricco…
per dirvi grazie,
per dirvi quanto vi amo,
per dirvi quanto devo alle vostre vite spese nella mia.

Ma, ahimè, non c'è nulla che mi sembri adatto…
Nulla che sia neanche lontanamente all'altezza di ripagare ciò che avete fatto per me…
Nulla che si avvicini minimamente alla profondità del bene che vi voglio!

E allora ho pensato: "Se avessi…"

"Se potessi…"

"Se potessi, vi donerei sicuramente il Tempo,
quello con la T maiuscola!

Quello che avete imparato a sfruttare fino al più piccolo secondo,
fino all'ultima goccia
e che a voi non basta mai!

Quel Tempo che avete donato agli altri,
si, proprio quello!
Ve lo ridarei indietro… e allora sareste ricchi!
Ricchi, ricchissimi!
Perché al prossimo ne avete donato davvero molto!

Vi donerei quel Tempo che vi servirebbe, ogni tanto, per fermarvi un po'…
Tempo per riposarvi, e che vi sembra sempre di sprecare!
Tempo per fare ciò che più a voi piace e che, purtroppo, rimandate troppo spesso a domani!
Tempo per viaggiare…
e non parlo di viaggi piccoli e stretti, di chiesa, di lavoro…No!
Tempo per vedere le meraviglie del Creato,
per sentire i sapori del mondo, i suoi mille colori, le sue mille canzoni;

Tempo per andare a tutti i concerti e i teatri più belli;
Tempo per stare in giro e tempo per stare fermi!

Tempo per avervi qui con noi il più possibile,
Tempo per amare, cantare, suonare, leggere e passeggiare.

Tempo per giocare con i vostri nipotini,
Tempo per voi, per tornare bambini!

Tempo per fermare ogni pensiero spaventoso,
ogni piccolo problema o dovere gravoso!

Tempo per dire "Basta!" all'uomo più noioso,
Tempo per far tacere ogni lagnoso!

Vi darei il Tempo per ricominciare da capo,
per superare le distanze e visitare chi avete amato,
amici lontani, fratelli e sorelle, uomini grandi e realtà stupende.

Vi darei il Tempo per mangiare in santa pace,
senza più squilli, né visite, né telefonate!
Tempo per voi due, per starvene tranquilli, poter parlare,
ridere, piangere e starvene abbracciati.
Vi darei il Tempo per dire "No!" alle preoccupazioni,
alle incombenze, alle riunioni...

E papà, se potessi, un altro dono io te lo farei,
quello della serenità, della quiete e della semplicità.
Ti regalerei un giorno con il sonno di un bambino,
quello di chi non ha pesi, preoccupazioni o problemi.
Quello della completa serenità,
di chi sa che a lui qualcuno penserà!

Mamma, anche a te, donerei qualcos'altro...
La serenità di sapere quanto valore hai tu per tutti noi,

quanto dai ogni giorno al mondo che intorno hai.
Serenità di saperci figli fieri e felici,
ed anche onorati di averti per madre.
Tu sei la donna virtuosa dei Proverbi,
e noi figli siamo grati a Dio per la madre che sei stata, e che ancora sei.
Non c'è nulla che avresti dovuto fare di più o niente di meno di ciò che hai fatto!
Sei stata e sempre sarai una donna speciale!

Sereni, quindi, nel saperci felici
Sereni nel sapere che doni preziosi noi abbiamo avuto in voi!

Sei io potessi questo vi donerei:
il dono del Tempo e della Serenità…
che ci fareste, poi, con tutto questo tempo forse lo so…
…vi annoiereste…
…ma forse vi riposereste un po'!"

GOCCE DI PROFUMO

(Dedicata ad una preziosa amica)

L'Amico ama in ogni tempo;
impara ad amare e a farsi amare.
Sa abbassarsi perché l'altro lo raggiunga nelle fragilità,
sa rinunciare alla forza per la debolezza,
impara ad essere amato da occhi onesti,
senza più maschere...
Come due gocce di cristallo...

L'amico sa amare il profumo dell'altro,
e sentirne l'essenza.
Ne ama il valore, il calore e il tepore.
Ne ama la forma...e sopra ogni cosa...il contenuto.
Sa assaporarne la dolcezza, la forza, l'intensità;
e per non inebriarsene, sprecandone il valore, lo dosa maestrevolmente...

L'Amico sa donare un po' di sé
anche quando l'altro non ha più niente da dare.
Trovarlo vuoto e riempirlo della propria essenza...
Goccia a goccia,
...Riempirlo...e riempirsi...
Mostrare forza nella debolezza,

sostenerlo e realizzare che il dono più grande che possa fare un amico,
è essere pronto a versare un po' di sé nell'altro,
proprio quando il suo profumo è svanito…

Perché…
Come dice il Maestro:
"L'Amico, ama in ogni tempo!

FRA LE BRACCIA DEL PADRE

A volte, i pensieri si affollano nella mia mente,
le sollecitudini mi assillano, la mia mente non sa più come fermarsi,
sembra un treno in corsa...senza freni...
il giorno arriva con la sua lunga lista di preoccupazioni e doveri...ed io
sento crescere l'ansia...
...mi guardo intorno e mi sento schiacciare,
soffocare,
stringere da tutte le parti,
da ogni lato...
mi sento piccola.
Piccola nel mezzo di una grande folla che si stringe e si accalca,
e se mi fermo, e mi guardo dentro,
mi accorgo molto spesso
che ho paura!
Ho paura di non farcela,
ho paura di crollare sotto il peso di tutto questo,
ho paura di non riuscire a sostenere oltre...
ho paura di non essere abbastanza forte,
perché proprio ora, io mi sento piccola e debole...fragile...
mi sento come una bambina smarrita tra tanta gente,
tutti che spingono e stringono,
chiedono e pretendono...

ed io, sento che ho bisogno del mio Papà!

e anche se fino ad adesso mi sentivo lontana e sbagliata,
confusa e stordita...
solo ora capisco che ho paura
e che questa paura passerà solo se Tu mi prenderai in braccio, oh Dio,
passerà solo se Tu mi prenderai e mi metterai sulle Tue spalle,
ed io sento che questa paura tornerà piccola solo se mi stringerai al Tuo petto,
tra le Tue braccia ed io mi sentirò sicura e forte nel Tuo abbraccio.
Ed io so che il mio cuore ritroverà la forza ed il coraggio per affrontare tutta questa pressione, solo quando sarò salita fin lì, sulle Tue spalle, per vedere le cose da lassù, capendo come le vedi Tu.

Allora, come una bambina, chiamo e piango...
E rinuncio a venire a Te come dovrebbe fare una persona adulta e matura...
Rispettabile e seria...
Ora, in questo momento, non ci riesco.
Vorrei, ma non ce la faccio...
E sono io...
Solo io...che vengo da Te...io e le mie emozioni aggrovigliate.
Senza nulla di bello tra le mani, senza nulla di buono da mostrarti,
così, semplicemente io.

Una bambina spaventata che corre dal suo Papà e vuole solo calmarsi nel Suo abbraccio...
E allora io vengo, nuda e trasparente, senza veli o pretese di essere grande o forte o brava o bella...anzi...
Vengo proprio così, con tutte le mie paure e fragilità, tutti i miei "non ce la faccio" e "aiutami", e sento che posso dirti tutto...
finalmente posso guardare in faccia la realtà,
con Te non ho più paura di guardare in faccia le cose che prima mi spaventavano...
So che mi accetterai per quella che sono...

Troppe volte sono io che non mi accetto così e che mi vieto di venire a Te così come sono, tante volte non apro il cuore per paura di ciò che potrebbe uscirne
e così trattengo tutto e fingo di aprirti il cuore...finché Tu, che sei il mio Papà,
mi dici: "Dimmi quello che senti...perché non ti giudicherò...anzi, forse ti amerò ancor di più!"
E so che con Te posso rilassarmi...finalmente posso riposarmi...
Mi cullerai nel tuo abbraccio finché mi addormenterò, calmata dal Tuo canto
che mi sussurra che Tu penserai a tutto...

E allora io sorrido e capisco quanto ho cercato di farcela da sola fino ad ora...

Quanto io abbia cercato, affannosamente, di essere grande e di apparire matura ai tuoi occhi…
Autosufficiente e brava…indipendente…e forte.
Ma ora, stretta nel Tuo abbraccio, sulle Tue spalle, mi sento forte e grande e capisco che…per quanto tante volte tenti e ci ricaschi…io sono e sarò sempre una piccola bambina che ha bisogno del Suo Papà e del Suo abbraccio.

… "Grazie Papà, ora mi sento meglio…puoi farmi scendere…se vuoi…"

E allora, mentre le Sue forti braccia mi riaccompagnano giù, la Sua voce calma e rassicurante mi dice: "Va bene, piccola mia…ma ricordati sempre, ogni mattina ed ogni sera…che prima di essere donna, prima di essere madre, prima di essere moglie o donna di grandi responsabilità, prima di ogni cosa e di ogni peso…tu sei e sarai sempre Mia Figlia, la Mia piccola bambina."

Adesso so che ogni mattina, come io risveglio i miei figli con dolcezza e li prendo in braccio, Tu risvegli il mio orecchio con dolcezza e mi tieni un po' nel tuo abbraccio…ed invece di correre alle mie mille occupazioni, prometto che assaporerò quell'abbraccio rassicurante di un Padre che mi tira giù dal letto…e che poi, alla sera, mi rimbocca le coperte.

IN VOLO CON LO SPIRITO

Volare sulle ali del vento,
trasportati dal soffio dello Spirito.
Con volo leggero superare i bianchi cancelli del Cielo.

Toccare il Suo cuore
traboccare d'Amore,
giocare insieme…felici…spensierati,
cullarsi nel Suo abbraccio avvolgente…
…e poi…
riprendere il volo verso aride terre.

Lasciar cadere grosse gocce d'acqua viva,
qui…e là…
senza mai toccare terra;
sentir crescere una nuova vita dietro di sé,
al proprio passaggio,
gioire della bellezza di qualcosa che rinasce…

…poi

risalire…
su, in alto…
passare nuovamente quei bianchi cancelli,

ritrovare quel caldo abbraccio,
quello sguardo pieno d'Amore,
ed accoccolarsi…
lì…
all'ombra delle Sue ali
per riposarsi.

FUORI DA BABILONIA

Ho fatto un sogno, tempo fa,
con stupore e meraviglia l'ho serbato nel mio cuore,

Mi sembrava di correre tra le strette vie di una città scioccamente in festa…
Stringendo la mano di un figlio, un caro, un amato… per non perderlo.
Correvo controcorrente,
faticosamente,
cercavo riparo dal mare di gente.

Mi aprivo un varco tra le strade di questa folle città…eccitata...
Ubriaca ed ebbra…
si muoveva all'unisono, come fosse una sola cosa…
svuotata della sua bellezza,
abbandonata ad ogni ebbrezza.
Essa, non ricordava più di essere polvere,
non conosceva più il suo valore.
Non più anime, o persone…
nel suo mezzo…
l'essenza delle cose era stata da tempo dimenticata,
strappata.

Un'unica grande cosa…

Ecco cosa era diventata…

Ipnotizzata…drogata…anestetizzata.

Sembrava comandata da una forza sovrana,

che ben si curava di rimanere oscura…

ed illudeva ogni uomo, di essere libero…nella sua schiavitù.

Perché essa… la massa… rifiutava di pensare.

Ormai da tempo… rifiutava di preoccuparsi del prossimo,

di aiutare il debole e l'oppresso…

di mostrare amore e onore.

Essa, Rifiutava… ed ancora rifiuta.

Si, essa rifiuta perché ha scelto sé stessa,

Ha scelto l'arrivismo, l'ambizione, il successo…

Ha scelto l'egoismo,

Ha scelto l'Io.

Ed ha rifiutato Dio…

Il Suo Unico Creatore e Signore.

Nel suo caos, noi viviamo,

Ma non siamo…

A volte, forse, confusi dal frastuono,

a volte sconcertati del suo vagabondare…

altre strattonati, infangati dalla sua superficialità,

ma non travolti dalle sue vanità.

Perché abbiamo scelto…
L'Unico e il Solo.

Abbiamo scelto di svegliarci dal sonno,
dal torpore dei profumi inebrianti;
dalle illusioni di una ilarità fatta di calici rosso rubino.
Decisi ad incamminarci su un sentiero di Verità.
Abbiamo scelto.

Abbiamo scelto di essere Luce nel buio,
Un faro che brilla nelle tenebre…
Abbiamo scelto Dio e il Suo Figlio, il Cristo.

Segnati…
solcati da una croce,
il nostro futuro non è più lo stesso.
E come potrebbe esserlo?
Egli ci ha sciolti
ci ha sanati,
ci ha guariti dalle infermità che ci affliggevano…e che ci tenevano schiavi.

Egli, il Cristo, ci ha sottratti all'inquietudine,
all'ansietà che questa folle città ci offriva…e di cui ci nutriva.
Ci ha aperto gli occhi…e il cuore,
ci ha liberati col suo amore.

Da quel giorno non siamo più gli stessi.

Noi, persi e travolti dalla folle città in festa…
Come bambini impauriti cercavamo qualcuno che ci aiutasse,
che ci riconoscesse,
che ci vedesse…

"Eih…Aiuto, sono qua!", gridavamo…
Ma nessuno rispondeva…
Il mare di gente era incosciente…

Se non segui il suo ritmo,
se non ti adatti al suo incedere,
la massa ti colpisce con noncuranza.
…"E levati di mezzo!!!"
ti grida con impietosa arroganza.
E ti respinge, ti calpesta,
…ti sovrasta…

Ma…
Qualcuno è arrivato…
Qualcuno ci ha sentito,
Ci ha preso la mano e, stringendola forte, si è aperto un varco tra la folla
E ci ha portato in salvo, al Suo riparo.
Così, mano nella mano con Lui,

Io corro…

Ora,

Corro tra le strette vie di questa città assordante…

Mi accorgo, però, di non sentire più la gente…

Il suo suono è diventato un vociare lontano…

Come quando si mette la sordina ad un piano…

E la sua forza distruttiva e travolgente

Più non mi spaventa, perché la mano forte e decisa del Cristo stringe la mia.

Il Suo corpo è scudo e protezione,

Mi apre la via…

Egli è la Via…

L'unica e sola, per uscire da questa follia…

Ed io vi sono dentro.

Ed ora sento…

Sento una voce dire con potenza:

"Uscite da Babilonia, oh Popolo Suo!

Uscite da essa, voi figli Suoi!

Svegliate dal suo sonno ingannatore

Quante più anime incontrerete nella vostra corsa!"

Come un'incantatrice di serpenti,

Babilonia suona la sua musica ammaliatrice,

ipnotizza ogni uomo

e lo fa danzare a suo ritmo…
ne strega la mente ed i pensieri,
assuefà le coscienze con profumi di incensi,
con i suoi vini speziati ne inebria i sensi.

Intorpidita e stordita,
ipnotizzata, come drogata,
la bella città balla!
Come i topi…
ignora che la dolce musica suonata dal suo pifferaio
la condurrà dritta…
alla morte…

Svegliamola!
Svegliamoci!!!
Svegliamo tutti dal sonno!
E cerchiamo di condurre altri al riparo…
nel quale anche noi siamo stati condotti dal Suo amore.

Usciamo da essa, usciamone, si!
Ma portiamo con noi quanti più possiamo!
Stringiamo anche noi la mano di chi amiamo,
Non scoraggiamoci,
Non abbattiamoci,
Non arrendiamoci
Finché non li avremo trovati,

Finché non li avremo salvati,
Finché non avremo preso la loro mano nella nostra
E gli avremo mostrato la Via per uscire da questa follia!

Cristo Gesù.
Siamo chiamati a trovare rifugio e ristoro nella Sua compagnia,
alla Sua Presenza...nel Suo Rifugio...fuori dalle mura di questa caotica città,
non più schiavi delle sue inquietudini,
non più servi delle sue ansietà,
non più guidati dalle sue paure...
ma liberi e sicuri nel Suo abbraccio,
fiduciosi che nulla sfugge al Suo controllo...
Decisi a stare alla Sua Presenza per ascoltare,
per riposare,
per cominciare.
...ma anche...per andare!

"Babilonia, ho scelto ormai da tempo di non bere più le tue bevande speziate,
Non berrò il vino drogato che questa folle città mi offre,
Così...gratuitamente...
Per anestetizzare la mia coscienza,
E per spegnere lo Spirito che in me vive e grida...contro di te..."

"Babilonia, ho scelto da tempo di vivere nel Regno del Suo amato Figlio e di abbeverarmi non Più alle tue torbide coppe...ma alla Sua gorgogliante fonte!
Ho scelto di passare ogni giorno per quel meraviglioso luogo di pace,
Ignorando i tuoi continui richiami.
Ho scelto di immergermi nel Suo fiume cristallino, permettendogli di lavare via ogni mia Inquietudine ed affanno...
Ho scelto di appartenere a Cristo e di non tornare più indietro.
Egli è la parte migliore!".

LA PARTE MIGLIORE

Fretta…

…Quanta fretta abbiamo oggi…

…quanto affanno e inquietudini…

…quante paure!

Questo mondo urla, grida…fa tanto rumore per nulla.

Col suo baccano ci confonde… ci assilla…
ci riempie!
Il suo frastuono ci stordisce!

Quiete…

Alla Presenza del Cristo,
Al riparo della Sua ombra
Trovo Pace…

Qui,
…nel silenzio…
io sento…
Sento Lui che mi parla,
che mi consiglia, che mi sussurra…
che mi ammaestra.

Gesù…

…al Suo riparo, io mi abbevero, mi rifocillo,
Mi ristoro e scopro che…
Si! Forse tutt'intorno, la folle città è in grande agitazione,
Ma qui…Alla Sua Presenza…
Tutto tace…
Ed io mi calmo…
Con uno solo dei Suoi sguardi, mi riempio.

Lui, il Principe della Pace, sa acquetare ogni mia tempesta…

Spesso,
Nella frenesia di questo mondo,
Nelle continue ansietà che vorrebbero sopraffarmi
Sento una voce chiamarmi in disparte…

"Vieni qui, da Me…
Ti stai preoccupando per molte cose…
…vieni nella quiete…
E scoprirai che ogni cosa andrà al suo giusto posto,
Perché questo è il tuo giusto posto...

Qui troverai la parte migliore del tuo oggi".

IL GIUDICE E LA BAMBINA

(Dedicato a chi, come me, ha combattuto la sua battaglia con il perfezionismo… Coraggio, vi dico, si può vincere!)

Cosa fare quando la parte che combatti è dentro di te?

Sarebbe tutto così facile se fosse una persona reale,
qualcuno di fisico con qui prendertela,
dirgli tutto quello che hai dentro,
sentire le sue scuse, i suoi motivi, i suoi perché!

Ma cosa fare quando quella persona non ha voce…né parole…né occhi da guardare!

Non ha fiato, o gambe, o braccia da colpire…

Cosa fare quando il suo unico accenno nei tuoi confronti è un interminabile silenzio.

Come un giudice sopra di te…alto…grande…serio…scuro.
Ti fissa.
Il suo sguardo severo e di rimprovero.
Ti disapprova e non parla.
Non dà nome alle sue emozioni, né voce ai suoi pensieri…
Ti guarda, e basta…freddamente…duramente…senza amore.
Non hai scuse davanti a lui, davanti a quello sguardo…

Nessuna spiegazione ai tuoi errori, nessuna giustificazione.

No!

Solo giudizi, sentenze, sottolineature di una mancanza avvenuta.

Grande Ombra Severa ed Oscura che ti copre e che ti chiede sempre di più,

non ti perdona nulla, neanche il minimo errore…non comunica con te, né ti dice cosa fare!

Sai solo che hai sbagliato, che lo farai ancora,

e che non ti toglierai mai quegli occhi di dosso…

Si! Sai solo che ci sarà sempre un errore…

e così resti fermo…immobilizzato…

Hai paura!

E' una paura ben diversa da quella che ti spinge a salvarti la vita, a scampare dal pericolo…

Quella che ti fa scappare, correre, muovere verso un riparo.

No! Questa paura ti ferma!

Ti blocca!

Passato o presente sono uguali…

Sai che hai sbagliato, che lo hai fatto anche oggi…e che ancora sbaglierai!

Odioso perfezionismo! Richiedi l'impossibile!

Spirito malvagio che rubi la spontaneità, la sincerità, la gioia di fare e di vedere!

Sanguisuga velenosa che ti aggrappi al collo di chi scava, di chi lavora, di chi qualcosa cerca di fare, anche se imperfetta!

C'è bisogno di te, che ogni giorno ci ricordi di quanto sbagliati siamo?
C'è bisogno del tuo respiro silenzioso, ma così invadente, che controlli ogni nostra mossa?
C'è per caso bisogno che tu esista?!

NO!
Vorrei reprimerti,
scaricarti contro tutta la mia rabbia, la mia frustrazione, il mio odio violento per te, che vuoi sempre di più! Mai soddisfatto. Non è mai abbastanza!
Egoista! Avido ed avaro! Ingordo!
Io ti odio!

Voglio che tu oggi te ne vada dalla mia vita e che mi abbandoni!
Al mio destino imperfetto…ma libero!
Libero senza te!

LIBERA SENZA DI TE!!! DI TE!!!

Libera di gioire... di sorridere, di ballare… di volare!

Libera di colorare il giorno con i suoi colori, pur fossero grigi o marroni!
Pur fossero brutti tra loro!

Libera di sbagliare e sentirmi, comunque, amata…accettata…apprezzata!

Libera da quest'ombra!
Libera di svuotarmi di te, alla presenza del Cristo, che sempre mi ama!
Libera di sciogliermi davanti a Lui, in tutti i miei errori.
Libera nei miei limiti…e nei limiti altrui!

Io posso farlo questo! Io lo so che posso! Con Dio, io posso essere libera!
Libera di seguire il mio destino perfetto nella mia imperfezione…
…non meritandomi niente…eppure avendolo.
Sbaglierò pure, e ne pagherò le conseguenze… anche… ma avrò vissuto!

Bisogna per forza essere perfetti per vivere una vita in pace?
Non credo!
Io, infondo, questa è l'unica cosa che desidero davvero:
vivere in pace…
avere pace…

sapere che basta che io sia così, soprattutto nei difetti, perché si possa amarmi…
pur volendo disobbedire, o urlare contro delle cose e dei perché.

Pur con i miei odiosi desideri che non riesco a reprimere, ma che anzi crescono!

Pur con lo schifo che ho nel cuore tante volte e che non mi fa sentire degna!

Pur con tutto il caos, e i pensieri e la sfiducia che mi sorprende a volte…ed alla quale mi arrendo.

Pur non essendo abbastanza forte da resistere a tutto o da essere così "perfetta" e brava… come tutti pensano.

Io vorrei solo essere quello che sono.
Così…semplicemente,
eppure così difficile da fare.
Da accettare... in fondo sono io la prima a non volerle queste cose… sono io quella che vuole sembrare perfetta! Quella che vuole combattere la parte che di me è meno perfetta…ma che è più libera!
Sono io che non mi voglio…
Ma quel grido silenzioso dentro di me non mi dà tregua!

C'è un giudice dentro di me… ma c'è anche una bambina.

C'è un giudice che deve morire...
E c'è una bambina che deve rinascere,
libera di giocare ed essere, a volte, anche un po' capricciosa...
libera di ridere e scherzare,
piangere e gridare...senza doversi vergognare.
Libera di volersi colorare:
correre in rosso, giocare in verde, passeggiare in blu e ridere di giallo.

Io voglio che quella bambina giochi liberamente dentro di me;
voglio che mandi la sua palla dove vuole...perché so che sarà brava da non rompere niente...
ma deve avere la libertà di muoversi in questa casa...
dentro di me...
senza dover per forza diventare grande!

Oggi, dentro di me, c'erano un giudice ed una bambina...

Ma adesso, posso scorgerne solo uno di loro...
E lo vedo scorrazzare liberamente da una parte all'altra di me,
portare calore, portare luce, portare amore.
Oggi, dentro di me, una bambina si è risvegliata...
E non credo che andrà a dormire troppo presto...
Perché finalmente si sente libera!

ABBIAMO VINTO

Abbiamo vinto!!!

Ma come che cosa?

La nostra battaglia peggiore…

LA VERGOGNA!

LA PAURA!

IL BISOGNO DI ESSERE ACCETTATI!

Che emozione!

Ti rendi conto?!

Ero lì che tifavo per te:

"Dai! Vai! Ce la puoi fare! SI! Diglielo! Parlagli! Apri la bocca! Dai! Su!"

…e poi…

SI!

L'HAI FATTO!!

UAHUUU!!!

Per la prima volta dopo tanto tempo…Ci sei riuscita!

L'hai fatto uscire!!

Non l'hai fermato, bloccato…

…ti rendi conto?

Ce l'abbiamo fatta!!!

Ed Io ero lì, presente, insieme a te!

Che emozione!

Io ti ho visto vincere!

Ti ho incoraggiato!

Ho tifato per te!

Tutti potevano sentirmi gridare:

"Dai che ce la puoi fare! Io credo in te!

Coraggio, che questa volta la vinciamo noi questa battaglia!

La vinciamo una volta per tutte!!"

...e poi...

...Il SILENZIO...

Quelli proprio non se lo aspettavano che lo avresti fatto!

Proprio non riuscivano a crederci!

"Com'è possibile?!

Ma se l'avevamo legata così bene!

Immobilizzata!

Chi l'ha aiutata?! Chi l'ha slegata?!

CHI L'HA LIBERATA?!!!"

Oh! Che gioia nel vederli così spiazzati!

Senza più parole! Né replica!

...SILENZIOSI...

…IMMOBILIZZATI…

…LEGATI!

Che perfezione!

Battuti sotto i loro stessi occhi…

Pensavano fossi rimasta da sola, nessuno per aiutarti,

ma non sapevano che Io ero al tuo fianco per difenderti!

Eh si! Ci avevano sottovalutato!

…non avevano ben valutato, come spesso accade, un dettaglio molto importante:

L'IO SONO E' DALLA TUA PARTE!

…e se Io Sono per te, allora dimmi, Chi mai sarà contro di te?

Io e te, siamo una grande squadra!

Il Tuo Papà Celeste

IL SENTIERO NELLA CAMERETTA

La preghiera è il respiro del credente, la storia che Egli scrive a tu per tu con Dio... il culto della domenica è solo la copertina di una vita di preghiera fatta nel segreto.
Tutti i grandi uomini di Dio, antichi o moderni, hanno una storia scritta nel segreto della propria cameretta. Tutti, nessuno escluso, si sono dedicati a scrivere qualcosa di profondo nel loro essere, e non si sono accontentati di leggerne solo la copertina...
Tutti hanno dedicato il loro tempo più importante, a scoprire e conoscere il sentiero che si schiude nell'intimità della propria cameretta... quello della preghiera.
Cristo ha battuto questo sentiero prima di noi, ne ha calcato i passi affinché ognuno di noi, seguendo la via che ci è stata aperta da lui, potesse mettere i propri passi nei suoi e seguire le sue orme, per camminare come Cristo Gesù, il Figlio di Dio, camminò.

E' un sentiero stretto e battuto, che pochi hanno la costanza e la determinazione di percorrere con fermezza... a volte qualcuno si ferma, rallenta, si perde perché inizia a guardare intorno, perché inizia a raccogliere cose sul cammino che appesantiscono la sua corsa, ma è un sentiero che porta in alto, sulle alte vette, eppure fa conoscere le profondità del proprio cuore,
è un sentiero a volte impervio e i cui paesaggi a volte lasciano senza fiato per l'incredibile bellezza,

vi sono pane caldo e acqua viva, balsamo e olio di gioia, vesti regali e di lode, ma anche deserti e arsura, silenzi lunghi quanto una notte, valli profonde e oscure dove solo La Parola e La Fede possono illuminare i passi da percorrere. Vi sono battaglie e vittorie, oasi di rifugio e di ristoro, ripari e fiumi cristallini nei quali nuotare, mura da scalare o da abbattere, giganti da affrontare, perle da scovare, trappole da evitare...

... i pigri, ahimè, ne stanno lontani,
gli abbattuti vanno risollevati e rimessi sul cammino con un nuovo manto di lode,
gli oppressi vanno ricoperti di nuove vesti di regalità e dignità,
non lasciamoli indietro, ma portiamoli con noi sul sentiero...
e se manca loro la forza ed il nemico si è avventato su di loro con tanta furia da lasciarli sanguinanti, invochiamo il Buon Pastore per loro, affinché li prenda sulle Sue spalle e ne fasci le ferite, ecco la potenza dell'intercessione...
capace di risollevare anche il più afflitto degli animi.

Questo e molto altro, è il sentiero della preghiera...
inizia con una porta stretta, con un cuore umiliato, e delle ginocchia piegate.
Solo chi è disposto ad abbassarsi può entrarvi, inizia nel posto più basso e umile del proprio cuore, ma porta sulle vette più alte dello spirito.

Come Guida e Consigliere l'Aiuto più grande, il Consolatore per eccellenza, lo Spirito Santo.

Come strumenti per il cammino poche cose: mani libere da tutti i vecchi bagagli affinché siano capaci di afferrare lo Scudo della Fede, capace di proteggerci e di tenerci in piedi e La Parola che rischiara ogni tenebra e che apre varchi nel folto delle difficoltà.

Di fronte a noi i Suoi passi, il Suo canto e la Sua voce,
il Suo tocco e il Suo calore…
il Buon Pastore,
dietro ed intorno a noi, il suono di tanti campanacci, tanti altri amici con cui condividere, a volte, le gioie e le difficoltà del cammino.
Mani che si tendono per aiutare ed essere aiutate, per rialzare ed essere rialzate, per spingere o essere spinti in avanti.
Tenera erba da brucare, acque calme per cui passare, e tavole imbandite a rincuorarci dopo le valli oscure…

Meta del Viaggio?
La Vetta più Alta, la Città Santa dalle Strade Lucenti, la Vita Eterna.

la nostra forza? L'incontro con il Padre, tornare tra le Sue Braccia…

La nostra speranza… sentirLo dire: "Vieni, entra nel mio riposo, mio fedele e bravo servitore".

La nostra gioia… sentire il Cristo dire: "Io ti conosco, è scritto di te nel Libro!"

La bellezza del premio… ricevere la meravigliosa Veste di Lino Puro e non sentirsi più nudi; finalmente coperti, puliti, senza più macchie di peccato,
eternamente dentro la forma e la purezza da Dio inizialmente pensate per noi.

Ma soprattutto… e dico soprattutto…
Sentire di essere tornati definitivamente e per sempre, a Casa.

IL TRENO DEL CORAGGIO

A volte ci sentiamo in un deserto…

In una bolla d'acqua…

Ci sentiamo come se la vita scorresse senza di noi,
come se andasse avanti senza che noi potessimo prenderne parte.
come un treno che passa veloce e noi non abbiamo il coraggio di rischiare,
di saltarvi sopra, di prenderlo al volo,
non sapendo se riusciremo o cadremo.
Ci sentiamo molti giorni in bilico, su una banchina vuota,
oltre la quale non c'è nulla, solo binari sotto di noi e pericolo.

Altre volte ci sentiamo stipati in un carro merci,
pieno di gente sconosciuta, sudata, sospetta,
dalla quale dobbiamo guardarci e diffidare,
non avendo mai la certezza delle loro intenzioni verso di noi
o verso i cari che accompagniamo in questo viaggio.

Altre volte ancora il nostro vagone è vuoto,
desolato,
e noi ci siamo dentro,
senza nessuno che ci faccia compagnia in questo viaggio…
ci sentiamo soli, a volte svuotati,

a volte incastrati, a volte schiacciati.
Vorremmo scendere e cambiare treno,
cambiare direzione,
saltare su quel treno che sfreccia davanti a noi,
ma che non ci aspetta.
E' come se non facesse tappa…
E noi, lo vediamo passare molte volte e
Desidereremmo anche osare saltare,
coglierlo al volo,
rischiare per sentire il vento spingerci via,
ma lottare per rimanervi attaccati e riuscire ad entrarvi con forza,
sentendoci vivi,
urlare dalla gioia e dall'emozione,
adrenalina, paura, vivacità, passione, libertà…

Ma poi ci giriamo,
e vediamo lì il nostro treno,
carico di persone,
di situazioni,
di doveri,
di aspettative poste sulle nostre vite
che non abbiamo il coraggio di deludere,
carico di tutti i bisogni degli altri,
le persone da aiutare,
i desideri altrui…
e non riusciamo a sottrarci dal salire in vettura,

suonare il fischietto, chiudere le porte e fargli fare un giro…
sì, perché ora che guardiamo bene le rotaie del nostro treno,
notiamo che esse girano in tondo e che non portano in nessun luogo,
se non dove siamo già stati tutti:
alla stazione… la stessa,
sulla banchina… la stessa,
in attesa che parta il treno… lo stesso!

Perché?

Perché…
Forse perché, il più delle volte, noi stessi non abbiamo il coraggio di dir loro
che il treno è fuori servizio:
guasto no, ma al capolinea!
Da qui in poi, ognuno può scendere…
Anzi, deve scendere e fare la sua strada,
prendere il suo treno,
nella direzione che desidera,
perché dobbiamo smettere di far scorrazzare le persone in tondo,
dobbiamo smettere di far fare loro i giretti solo per farli sentire meglio,
per dar loro la parvenza che qualcosa si stia muovendo,
senza aver preso nessuna decisione nella loro vita,
non siamo noi a poterli portare in nessun luogo!
Anzi!

Anche noi abbiamo bisogno di prendere il nostro treno!
Anche noi dobbiamo fare quel salto di coraggio, di fede, di forza
e smettere di far girare il treno in tondo.

Non siamo al Luna Park, e tutta questa vita non è una giostra!
Non siamo fatti per girare in tondo, ma per raggiungere mete!
Luoghi mai visti, inaspettati!

Io voglio alzarmi oggi e,
con un bel suono di fischio, annunciare:
"Si scende, ragazzi!
Il treno ha smesso di perdere tempo.
Tutti coloro che volessero veramente andare in qualche posto,
inizino a guardarsi intorno,
a guardare bene i segnali sopra le proprie teste,
a chiedere indicazioni e a decidere per la propria vita!
Io, il capotreno, ho deciso di lasciare la giostra e
di impegnarmi anch'io a salire sul mio,
e la prossima volta che passerà, il mio, perché passerà…
perché passa sempre, puntuale come un orologio svizzero e
veloce come la freccia che va dritta al suo centro,
io non esiterò, ma salterò
e mi ci aggrapperò con tutte le mie forze per rimanervi sopra e non
cadere!

E mi sentirò viva,

sentirò di aver fatto la cosa giusta,
di aver fatto, per una volta, una cosa per me,
senza pensare sempre agli altri!"

Ora dico anche,
a quanti volessero rimanere nel treno seduti a non fare niente,
se non lagnarsi ed inveire verso chi ha finito di trastullarli nelle loro vanità,
illudendoli di un qualche genere di viaggio che mai li porterà in alcun luogo,
se non quello che già conoscono…
io dico:
"Bene, se volete, rimanete lì seduti,
rimanete in questo treno tutto il tempo che volete,
non sarò io a tirarvi fuori,
né tantomeno a cercare di convincervi a cambiare idea
o a decidere per le vostre vite!
Non sarò, però, neanche io a giustificarmi per aver fermato il treno.
Io ho fatto la mia scelta,
insieme a tutti coloro che si sono mossi per prendere il treno della loro vita.
Io non vi smuoverò, né vi spingerò,
né vi esorterò, né vi persuaderò a fare altrettanto…
volete rimanere nella giostra?
Fatelo!
Volete girare in tondo?

Rimarrete sempre allo stesso punto.
Volete dare la colpa a qualcuno perché non vi conduce?
Voi siete quelli da incolpare, perché non usate il potere che Dio vi ha dato
di fare della vostra vita un capolavoro.
Di lottare, di combattere, di ferirvi e farvi male,
affinché essa sia meravigliosa, bella e virtuosa!

Dio ci ha dato le capacità di decidere,
di volere e di intendere,
basta!
Smettiamo di gettare su altri questi doni meravigliosi per la nostra vita!
Smettiamo di delegare ad altri la decisione,
la volontà, la forza e l'intenzione...
o meglio, l'impegno di condurre la nostra vita verso luoghi dilettevoli.
Basta scaricare la colpa dei nostri fallimenti sugli altri o su Dio!
Noi siamo ciò che abbiamo creato e scelto fino ad oggi!

Ma l'Oggi è anche Potente!
Si, perché l'Oggi è ancora una stazione colma di treni da poter scegliere e prendere!
L'Oggi è il biglietto a largo spettro per cambiare direzione!
L'Oggi dirige il tuo domani!
Oggi è meraviglioso e misericordioso!

Oggi è generoso, perché anche se fino a ieri hai scelto male,
Oggi ti dice che puoi ancora scegliere per il bene!
Puoi ancora fare una buona scelta nella tua vita, oggi!
Puoi ancora cambiare rotta, se vuoi!
L'Oggi ti dà tutto ciò di cui hai bisogno per farlo…
L'Oggi è già pagato, il tuo biglietto è completo!

Esci solo da quel posto,
esci da quella locomotiva ormai ferma,
esci dal deposito nel quale stai parcheggiato da tanti anni…
L'Oggi ti chiama!
L'Oggi sta chiamando ad uscire dai treni abbandonati,
a lasciare quelli diretti in discarica,
o quelli che girano in tondo come tante giostre,
o quelli di cui ormai conosci il tragitto a memoria,
e ci chiama a prendere il treno del Coraggio,

Quello che sfreccia veloce come un razzo,
quello che per salirvi devi saltare con forza e fede,
quello che non saprai se ti prenderà o ti lascerà cadere,
quello che ti dona un futuro e una vita vera!

Quello dell'Oggi è il treno della Speranza,
del Coraggio, della Fede, della Determinazione.
Quello dell'Oggi non lo guidi né tu, né io, né un uomo,
ma Dio, il Creatore dei Cieli e della Terra,

dello Spazio, del Tempo e del tuo domani.

Quello dell'Oggi è un treno che ha una mèta ben precisa e non si ferma;
tu devi volerlo prendere,
tu devi essere disposto a saltarvi sopra,
a rischiare il tutto per tutto
pur di essere uno dei suoi passeggeri,
perché Colui che lo conduce,
non aspetta i nostri capricci,
né le nostre condizioni.

Lui sa che nuociamo a noi stessi
rimandando a domani ciò che potremmo scegliere oggi,
ecco perché non si ferma ad aspettare,
ecco perché devi saltare.

Il suo prezzo è già pagato,
il tuo salto farà il resto.
Tu non cadrai!
Perché ogni volta che qualcuno ha il coraggio di farlo,
una mano invisibile lo tirerà dentro,
e mille altre mani si aggiungeranno ad essa.
Le mani di quanti hanno fatto questo passo prima di lui.

Si, perché esso,

il treno del Coraggio,
il treno del domani,
è un treno fatto di uomini e donne
che hanno scelto di vivere pienamente l'Oggi,
con forza e coraggio.

Un treno che corre veloce
Perché mille e più piedi si muovono verso una sola direzione,
quella data dal loro conduttore: Gesù Cristo.
E questo treno è la Sua estensione: la Chiesa, quella vera.
Essa corre, veloce, sfreccia nel mondo e non si ferma;
perché essa sa dove sta andando e qual è la sua direzione.

Mille e più mani ti prenderanno,
mille e più piedi si uniranno per un unico obiettivo.
Una sola meta, la Vita Eterna;
una sola mente, Cristo Gesù che li conduce.

Io lì voglio salire!
Non girerò più in tondo,
non condurrò più nessuno per le mie vie.
Salterò in questo corpo e mostrerò ad altri
Che questo è l'unico treno che valga la pena di aspettare,
di rischiare e di prendere!
Io oggi ci sono sopra... e tu?
FINALMENTE A CASA...

Infreddolita, impaurita e con la morte nel cuore, mi aggiravo per le vie di questo mondo.

Nel buio di una notte che sembrava nascondermi qualcosa.

I tuoni ruggivano sopra la mia testa; la pioggia scrosciante rendeva tutto più confuso e triste.

Non sapevo dove andare! Mi ero persa! Consapevole che nessuno mi avrebbe cercato, avevo seguito la via di chi non mi ama...ritrovandomi derubata di un'identità, senza più niente in mano...o nel cuore...ero sola!

Poi, ad un certo punto, davanti a me apparse una porta.

Stretta, ma bellissima; di legno massiccio, lavorata ed intagliata da mani esperte.

Mi avvicinai...

Sopra c'era inciso qualcosa che colse la mia attenzione...era un nome: Gesù.

Sugli stipiti, strisce rosse; al centro un battente d'argento...mi guardai indietro: i tuoni, il buio, la confusione, il freddo...esitai un istante, poi bussai.

Mi fu aperto.

Una figura gentile mi accolse all'interno; era tutto così pieno di luce e calore, era bellissimo!

Per la prima volta mi sentivo a casa! Non ero mai stata lì, ma il mio cuore sentiva di appartenervi…
Una voce piena d'amore mi disse:
"Lascia tutto all'ingresso, sul Mio altare, ed entra in casa Mia. Qui troverai riposo all'anima tua e nuove forze per ricominciare…vieni, è tanto che ti aspetto! Il tuo nome è inciso nel Mio cuore!".
Non c'era paura in me…c'era solo tanto bisogno di conoscere quell'amore! Così, entrai.

Una pace mi investì, ed il calore di quell'amore mi invase il cuore.
Davanti ai miei occhi una meravigliosa tavola imbandita: calici luccicanti pieni di vino color amaranto, piatti d'orati, delizie in ogni angolo, bontà sparse per tutta la tavola, profumo di pane caldo appena sfornato…erano mesi che non toccavo cibo…e lì ogni cosa era perfetta!
Sempre quella voce mi disse, con tono allegro ed accogliente:
"Allora, vieni. Siediti! Prendi tutto ciò che vuoi. Mangia, bevi e saziati! Brindiamo, perché questa sera tu sei entrata in casa Mia ed il Mio cuore è in festa!"
Ridemmo, mangiammo, parlammo! Come se fossimo stati amici da sempre, come se i nostri spiriti si fossero ritrovati…o meglio, era come se il mio fosse rinato stando con Lui!
Una gioia nuova mi riempiva l'anima…qualcosa che non avevo mai provato prima!

Dopo tutto ciò, m'invitò a rilassarmi.

La stessa figura gentile che mi aveva accolto all'entrata, mi guidò lungo il Suo bel palazzo… arazzi, vetrate; meravigliose sculture…
"Che strano" pensai, "Fuori pioveva e c'era il temporale…ma qui dentro…qui dentro no! Era come se fuori splendesse il sole! Non c'erano rumori di tuoni lontani, o di pioggia che batteva sui tetti…NO! Qui dentro c'era solo quiete e tepore."

Arrivammo davanti ad una grande porta che, aprendosi davanti a me, mi svelò un meraviglioso salone d'orato. Era caldo e confortevole! Il camino, al lato della sala, emanava calore. Mi riscaldai al suo scoppiettante richiamo! Le pareti color scarlatto, i divani tappezzati di morbido velluto, il tavolino pieno di strani oggetti curiosi, era così rassicurante questo posto!

La bellezza dello stare insieme, io e Lui, tranquilli…in pace! Avevo la certezza che nessuno avrebbe potuto varcare quella soglia, nessuno avrebbe potuto farmi del male! Io ero lì con Lui…in casa Sua. Sapevo che quel nome…che all'entrata avevo letto intagliato sul legno della porta, era qualcosa che indicava molto di più di un semplice nome…era un attestato di proprietà!
Chi entrava per quella soglia, chi accettava quel nome…sarebbe stato accolto per sempre!

Parlammo per ore di noi, di quanto Egli, in tutti questi anni, avesse cercato di entrare in contatto con me…di quanto io, senza saperlo, avessi sempre cercato quello di cui stavo godendo in quel

momento…di quanti progetti Egli aveva per me…di quante cose potevamo fare insieme ora che ci eravamo ritrovati!
Lì, su quei divani, e nel calore di quelle stanze…mi sentivo una figlia che aveva ritrovato il Padre! Stavo ritrovando la fiducia che avevo perso, stavo ritrovando me stessa… stavo ritrovando quel rapporto che avevo desiderato per tanto tempo!

Alla fine, m'invitò al piano superiore; tra tende di velluto e profumi speziati. Mi portò nelle Sue stanze, accoglienti e preziose.
Mi porse una veste: bianca come latte, leggera come la seta, di lino purissimo…ricamata di perle preziose…sopra portava il mio nome. Ero come una regina nelle grazie del suo Re. Mi mostrò un letto color porpora, impreziosito da dorati finimenti.

Poi, la Sua voce, avvolgendomi, sussurrò: "Vieni. Riposati nel Mio letto…fermati qui stanotte e per il resto dei tuoi giorni! Stai con Me, tra le braccia di Colui che darebbe tutto per te…anche il proprio regno! La vita…questo l'ho già fatto! Ora sta a te decidere, amore mio. Donami la tua vita e rifugiati sotto l'ombra delle mie ali.
Io ti amo…stai con me! Il tuo nome è inciso sul Mio cuore…te l'ho detto. La tua vita è uno scrigno prezioso, la custodisco tra le Mie mani d'orefice. Il tuo cuore è la fonte di tutti i miei sogni ed il tuo spirito è acqua pura e vivissima, uno con Me!
Ora, resta qui stanotte e per sempre; la tua vita sarà ricolma di benedizioni e tu conoscerai la vera Vita. Io ti amo e ti amerò per sempre!"

Questo ho scelto.

Questo è stato il mio viaggio...

Questo è stata la cosa più importante della mia vita; ciò che mi ha portato nella casa del Padre... alla Sua mensa, nelle stanze del Re... ed alla Sua Presenza.

Un viaggio dentro me stessa.

Qui ho conosciuto le brutture di una vita vissuta con orgoglio, senza Dio...ma è stato nel peggior momento di questo cammino che le mie ginocchia si sono piegate e che ho visto quella porta aprirsi...davanti a me. Oltre quella porta ho conosciuto le profondità dell' Amore di Cristo...sempre più intimo, sempre più intenso e sempre più profondo. Ho lasciato il buio che c'era fuori, e sono passata per quella porta...forse un po' stretta, ma molto più accogliente delle strade in cui mi trovavo prima.

In quelle stanze, con una nuova identità, ho imparato a conoscere me stessa ed a guardare in faccia le mie fragilità, per uscirne più forte. Con il Padre Celeste sempre al mio fianco, ho combattuto le mie battaglie più grandi, ho gioito con Lui delle mie vittorie ed ho sussurrato le preghiere che non riuscivo a pregare.

Ciò che avete letto, è un piccolo viaggio all'interno della stanza del mio cuore... tra battaglie, preghiere e risposte ricevute nel silenzio della mia cameretta.

Questo viaggio, è accessibile a tutti... non ci sono limiti, né sbarre che possano impedirlo. E' un viaggio stupendo, meraviglioso!

Dio dice che sta alla porta del nostro cuore e bussa.
A chi avrà il coraggio di aprire, Dio promette di entrare da lui e di cenare con lui. Se ancora non lo hai fatto, lascia il buio che c'è fuori, e passa per questa porta... Resterai senza fiato e il tuo cuore sentirà di essere arrivato finalmente a Casa!

INDICE

1. Io L'ho conosciuto 3

2. Anche quando… 5

3. Anche oggi…perché ieri non è abbastanza! 7

4. La vera Bellezza 9

5. Essere Donna è come Essere Mare 15

6. Grace sta arrivando… 19

7. Vi donerei il Tempo 22

8. Gocce di Profumo 26

9. Fra le braccia del Padre 28

10.In Volo con lo Spirito 32

11.Fuori da Babilonia! 34

12.La parte migliore 42

13.Il giudice e la bambina 44

14.Abbiamo vinto! 50

15.Il sentiero nella cameretta 53

16.Il Treno del Coraggio 57

17.Sentendomi a Casa 67

Printed by Books on Demand GmbH, Norderstedt / Germany